Ruslan Galyautdinov

Zungentrommel Unterricht für Anfänger mit 45 Liedern

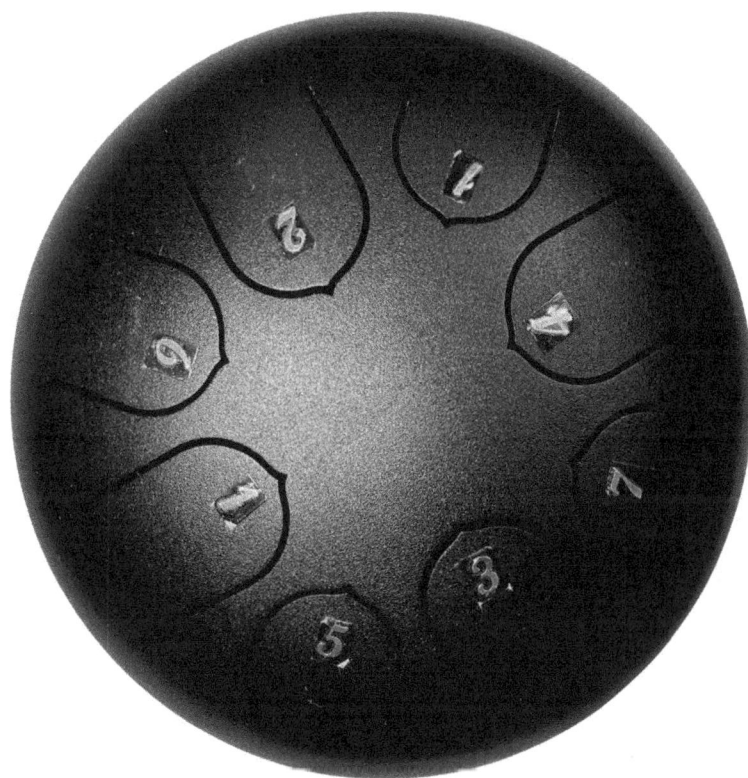

Theorie und Praxis + Online-Videos

ISBN: 978-1-962612-23-4

Mitteilungen über Rechtschreibfehler, Irrtümer, Ungenauigkeiten und Verbesserungsvorschläge zur Qualität werden dankbar entgegengenommen unter:
albinaopen@gmail.com

INHALT

Einführung

Viele Menschen haben wahrscheinlich bemerkt, dass man manchmal einfach nur Krach machen möchte, auf etwas schlagen. Man nimmt Töpfe und Pfannen und hat Spaß dabei! Es macht Spaß, und es fühlt sich an, als würden alle Probleme verschwinden.

Aber was, wenn Sie ein Instrument ergreifen und nicht nur draufschlagen, sondern tatsächlich etwas spielen lernen?

Manche stellen sich sofort ein Musikbuch und lange Musikstunden vor!

Keineswegs! Mit der Hilfe der auf den Zungen der Stahl-Zungentrommel angebrachten Zahlen können Sie in nur wenigen Momenten schöne Musik erzeugen.

Sie müssen keine Noten sofort lesen! Vielleicht verlieben Sie sich in das Instrument und genießen das Musizieren, und dann können Sie später ernsthaft Noten lesen lernen.

Jetzt, ob Kind oder Erwachsener, können Sie mit diesem Buch anfangen, Musik zu machen.

Vorteile der Stahl-Zungentrommel

Die Stahl-Zungentrommel ist eine Zungentrommel, die jedem ermöglicht, sein Gehör und Rhythmusgefühl zu entwickeln.

Viele Musiktherapeuten verwenden die Stahl-Zungentrommel, weil sie überzeugt sind, dass der Klang dieses Instruments nicht nur Menschen öffnet, sondern auch ein Mittel zur Kommunikation und Selbstausdruck für Menschen mit psychischen Problemen wird. Die Stahl-Zungentrommel wird als Begleitung für Meditation und Yoga eingesetzt. Sie lindert Stress, versetzt in einen Zustand der Ruhe, lädt mit vitaler Energie auf und fördert die Fähigkeit zur Improvisation.

Die ätherischen Klänge stimmen den Geist auf Wellen der Harmonie ein, helfen Gedanken zu ordnen und Zweifel zu vertreiben. Die Melodien fördern die rechte Gehirnhälfte, welche für kreative Persönlichkeiten wesentlich ist.

Daher fördert die Stahl-Zungentrommel:
1. Die Entwicklung des musikalischen Gehörs und des Rhythmusgefühls.
2. Die Entspannung.
3. Die Strukturierung der Gedanken.
4. Die Beeinflussung der sensorischen Fähigkeiten des Menschen.

Über das Instrument

Die Geschichte der Stahl-Zungentrommel geht auf Lateinamerika zurück, wo die ersten metallischen Schlaginstrumente wie Glocken, Gongs und Schalen erfunden wurden. Phil Vega nahm eine Freon-Flasche, schnitt Zungen aus und polierte diese. So wurde die erste Stahl-Zungentrommel auf der Insel Trinidad geschaffen.

Das Instrument wurde verbessert. Heute gibt es Instrumente in verschiedenen Farben und Größen. Die Stahl-Zungentrommel besteht aus zwei Schalen und funktioniert nach dem Prinzip der Resonanz. Die Zungen sind an der Vorderseite, der Resonator befindet sich unten. Der Klang entsteht durch Berührung des Instruments und hängt von dessen Größe ab.

Die Stahl-Zungentrommel benötigt keine besondere Pflege. Sie kann in der Tasche oder dem Etui aufbewahrt werden, in dem sie geliefert wird. Vorteilhaft ist die Portabilität der Stahl-Zungentrommel. Sie ist leicht mitzunehmen. Ihre Größe ermöglicht es, überall Musik zu machen.

Man kann sagen, dass die Stahl-Zungentrommel „fürs Leben gestimmt" ist, was bedeutet, dass sie nicht wie Geige oder Gitarre gestimmt werden muss. Die Stahl-Zungentrommel ist werkseitig gestimmt. Das Instrument im Buch ist in C-Dur gestimmt.

Spielanfang

Dies ist ein Instrument für Anfänger. Es erfordert keine Ausbildung und ermöglicht sofortiges Spielen.

Legen Sie die Stahl-Zungentrommel auf Ihre Knie und tauchen Sie in die Welt der Musik ein. Sie können mit Schlägeln oder Fingern spielen.

Wie entsteht eine Melodie?

Legen Sie die Stahl-Zungentrommel auf den Tisch vor sich oder auf Ihren Schoß. Schlagen Sie die Töne an, die im Buch mit Zahlen markiert sind.

Lassen Sie den Klang bis zum Ende erklingen. Das Resultat ist ein langer, faszinierender Ton, der allmählich verklingt und verschwindet. Hören Sie auf den Klang. Sie können ihn immer mit der anderen Hand dämpfen, um den Ton zu verkürzen oder seine Dauer zu verändern. Sehen Sie sich das Einführungsvideo (in Englisch) an.

Es ist wichtig, dass die erzeugten Klänge harmonisch sind. Sie können die gewünschte Melodie nach Gehör erstellen und mit Zahlen notieren.

Es ist sehr einfach, und die Melodie verleiht dem Unterricht sofort eine kreative Atmosphäre. Ohne den Klang zu dämpfen, können Sie eine weitere Zunge anschlagen, dann eine dritte. Die Klänge werden sich überlagern und komplett anders klingen.

Spielarten der Stahl-Zungentrommel

Es gibt drei Arten, die Stahl-Zungentrommel zu spielen:

1. Spielen mit Schlägeln. Dies ist der einfachste Weg, einen lauten und klaren Klang zu erhalten. Für Anfänger ist es besser, mit Schlägeln zu spielen, bis ein Gefühl für das Instrument entsteht.

2. Spielen mit speziellen Fingerspitzen-Pads. Dies erfordert etwas Übung.

3. Spielen mit den Fingern. Die einfachste und intuitivste Spielweise ist das Spielen mit den Fingern. Aber es braucht Übung, um einen klaren Ton zu erzeugen.

Entspannen Sie Ihre Hand. Um zu spielen, müssen Sie die Lage der Zungen lernen. Es ist nicht schwer, eine Tonleiter nach Zahlen zu spielen.

Dieses Buch basiert auf der Stahl-Zungentrommel mit 7 Tönen. Es gibt jedoch 8 Zungen. Der achte Ton ist das C der zweiten Oktave.

Unter der Nummer 1 befinden sich jedoch zwei Töne — einer ist hoch, der andere tief.

Folgen Sie einfach den Zahlen. Sie werden den Klang dieses Instruments lieben!

Die Nummer 1 entspricht dem Ton C, 2 dem D, 3 dem E, 4 dem F, 5 dem G, 6 dem A und 7 dem H (B auf Englisch).

1	2	3	4	5	6	7	i / 8
C	D	E	F	G	A	H (B)	C (2)

Erste Oktave

Zweite Oktave

Unter der Nummer 1 ist eine weitere Zunge mit dem Ton C (2), aber in der zweiten Oktave, die höher klingt.

Konzentrieren Sie sich auf interessante Kombinationen. Hören Sie die Kombinationen der Töne. Töne 1 und 3 ergeben eine schöne Kombination, ebenso 1 und 4, sowie 3 und 5.
Dann können Sie die Dauer verändern oder ein rhythmisches Muster erstellen.

Lassen Sie uns improvisieren — Sie können 1, 3, 5 gleich spielen, dann 1, 2 normal spielen und auf 3 verweilen.
Danach verweilen Sie etwas auf den Tönen 1 und 2 und spielen 3 kurz.
Sehen Sie sich das Improvisations video an, um es besser zu verstehen.

Sie können schnell und langsam spielen. Beim langsamen Spielen entsteht ein magischer Musikeffekt.
Legen Sie die Stahl-Zungentrommel auf die Knie oder auf den Tisch und tauchen Sie in die Welt des Instruments ein.

Beim Spielen nach Zahlen lernen Sie, die Töne zu unterscheiden.

Hören Sie sich die Audiofiles zur Improvisation an:

Einführung in die Musikalische Notation

Musikalische Noten werden auf einem Notensystem geschrieben. Das Notensystem besteht aus einer Reihe horizontaler Linien, auf denen Noten und andere Symbole, die eine Melodie repräsentieren, platziert sind.

Ein Notensystem besteht aus fünf Linien, und die Noten werden auf und zwischen den Linien geschrieben. Noten sind nach Tonhöhe angeordnet. Je höher der Ton, desto höher die Position. Ebenso gilt: Je tiefer der Ton, desto niedriger die Position. Noten haben unterschiedliche Dauer. Es gibt lange und kurze Noten.

Der Violinschlüssel

Das Notensystem (Stave)

Der Violinschlüssel, auch G-Schlüssel genannt, ist ein wichtiges Symbol für die Musiknotation.

In der Musik sind Pausen genauso wichtig wie Noten. Sie sind ein Zeichen von Stille, eine Unterbrechung des Klangs. Es gibt spezielle Symbole zur Anzeige von Pausen.

Dynamische Nuancen sind sehr wichtig für die Stahl-Zungentrommel. Dazu gehören die Zeichen *forte (f)* und *piano (p)*, dic laut und leise bedeuten.

Die Stahl-Zungentrommel ist ein ausgezeichnetes Werkzeug zum Lernen von Rhythmus. Sie können eigene Melodien kreieren und mit dem Tempo experimentieren. Indem sie Ihnen beim Musiklernen hilft, wird dieses Instrument zu Ihrer neuen „zweiten" Sprache.

Alle Videos (Playlist)

Alle Videos sind ebenfalls in derselben YouTube-Playlist verfügbar:

oder Link:

cutt.ly/1rLpzbq9

Mitteilungen über Rechtschreibfehler, Irrtümer, Ungenauigkeiten und Verbesserungsvorschläge zur Qualität werden dankbar entgegengenommen unter:
albinaopen@gmail.com

Lieder

Anschließend folgen 14 Originalkompositionen von Ruslan Galyautdinov für die Stahl-Zungentrommel sowie 31 bekannte Stücke.

1

Moderato ♩ = 80

2

Moderato ♩ = 90

3

Allegro ♩ = 120

4

Moderato ♩ = 100

5

Allegro ♩ = 120

6

Allegro ♩ = 120

7

Allegro ♩ = 120

8

Moderato ♩ = 100

9

Moderato ♩ = 90

10

Allegro ♩ = 120

11

Allegro ♩ = 120

12

Allegro ♩ = 120

13

Allegro ♩ = 120

14

Allegro ♩ = 120

A-Tisket, A-Tasket

5 5 3 6 5 3 4 5 5 3 6

A - tis - ket, a - tas - ket a green and yel-low

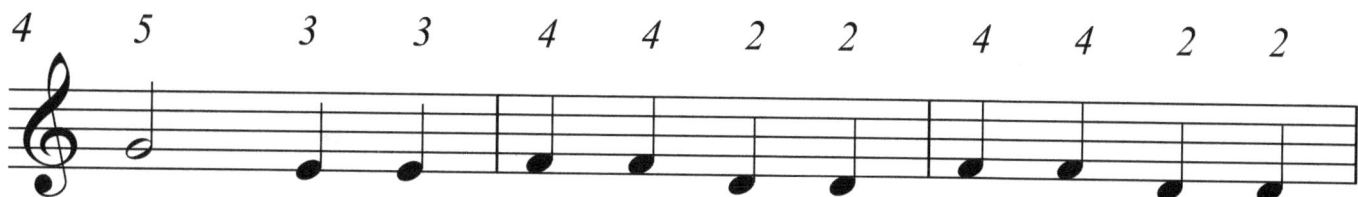

4 5 3 3 4 4 2 2 4 4 2 2

bas - ket. I wrote a let - ter to my love and

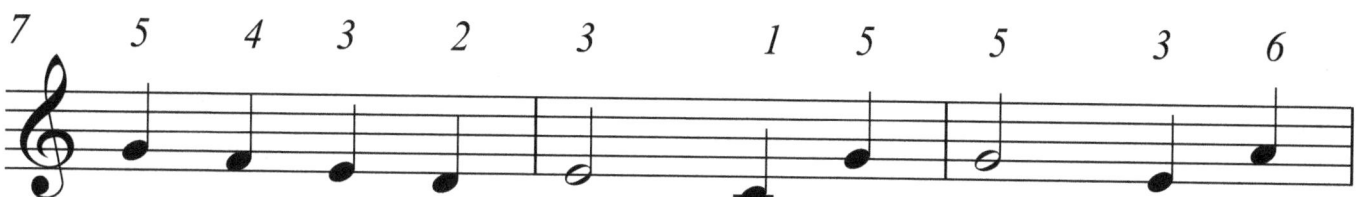

7 5 4 3 2 3 1 5 5 3 6

on the way I dropped it, I dropped it, I

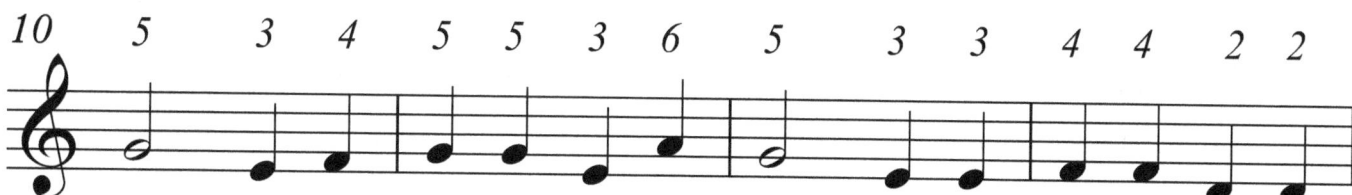

10 5 3 4 5 5 3 6 5 3 3 4 4 2 2

dropped it, and on the way I dropped it. A lit - tle boy he

14 4 4 2 2 5 4 3 2 3 1

picked it up and put it in his poc - ket.

Alphabet Song

1	1	5	5	6	6	5
A	B	C	D	E	F	G

3	4	4	3	3	2	2	2	2	1
	H	I	J	K	L	M	N	O	P

5	5	5	4	3	3	2
	Q	R	S	T	U	V

7	5	5	5	4	3	3	2
	Dou - ble - u		X		Y	and	Z.

9	1	1	5	5	6	6	5
	Now	I	know	my	A	B	C's.

11	4	4	3	3	2	2	1
	Next	time	won't	you	sing	with	me!

Baa, Baa, Black Sheep

1   **1**   **5**   **5**   **6**   **7**   **i (8)**   **6**   **5**

Baa,   baa,   black   sheep,   have   you   an - y   wool?

3   **4**   **4**   **3**   **3**   **2**   **2**   **1**

Yes,   sir,   yes,   sir,   three   bags   full.

5   **5**   **5**   **5**   **4**   **4**   **3**   **3**   **3**   **2**

One   for   the   mas - ter,   one   for   the   dame.

7   **5**   **5**   **5**   **4**   **4**   **4**   **4**   **3**   **3**   **3**   **2**

One   for   the   lit - tle   boy   who   lives   down   the   lane.

9   **1**   **1**   **5**   **5**   **6**   **7**   **i**   **6**   **5**

Baa,   baa,   black,   sheep   have   you   an - y   wool?

11   **4**   **4**   **3**   **3**   **2**   **2**   **1**

Yes,   sir,   yes,   sir,   three   bags   full.

23

Billy Boy

3 4   5   5 5 i   3 4   5   5 6 5   3 4

Oh,— where have you been, Bil - ly Boy, Bil - ly Boy, Oh,—

3   5   5 5 i   4 3   3 2   2 3

where have you been charm - ing Bil - ly?   I have

5   4 4   4 4 4   5 4   3 2 3 4 5   i 6

been to seek a wife, She's the   joy— of my life, She's a

7   5   3 5   5 4 3 2   2 1

young thing and can - not leave her   mo - ther

Can Can

Jacques Offenbach

Fiddle-De-Dee

Fid - dle - de - dee, Fid - dle - de - dee, The

fly has mar - ried the bum - ble bee Said the

fly, said he, "Will you mar - ry me? And live with me, sweet

bum - ble bee?" Fid-dle-de-dee Fid - dle - de - dee, The

fly has mar - ried the bum - ble bee.

2. Said the Bee, says she
"I'll live under your wing
You'll never know I carry a sting"
Fiddle-de-dee, Fiddle-de-dee
The Fly has married the Bumble Bee

God Is So Good

God is so good,

God is so good,

God is so good, He's so

good to me.

Hickory Dickory Dock

3   4   5   4   3   2   3

Hick - o - ry   Dick - o - ry   Dock,

4   3   3   5   4   2   3

The   mouse   ran   up   the   clock.

8   3   3   3   5   5   4   4   6

The   clock   struck   one,   the   mouse   ran   down,

13   5   6   5   4   3   2   1

Hick - o - ry   Dick - o - ry   Dock._____

28

Jack and Jill

```
5        5    5        5      i     i    i      i
6/8
    Jack  and  Jill   went   up   the  hill   to
```

```
2        2    2        2      3            i
3
    fetch  a   pail    of    wa  -         ter.
```

```
5        5    5        5      6     6    6      6
5
    Jack  fell down    and  broke his crown   and
```

```
5        4    3        2      1            1
7
    Jill  came tum  -  bling  af  -        ter.
```

Little Sally Waters

5 5 3 6 5 3 5 5 3 6

Lit - tle Sal - ly Wa - ters sit - ting in a

4 5 3 5 3 3 5 3 3

sau - cer, Rise Sal - ly, rise Sal - ly,

7 5 5 3 6 5 3 3 5 3 3

wipe a - way your tears, Sal - ly, Turn to the

10 5 3 3 5 3 3 5 3 3 5 3 3

east, Sal - ly, Turn to the west, Sal - ly Turn to the

14 5 3 5 3 6 5 3 3

one, that you love the best Sal - ly.

London Bridge Is Falling Down

5 6 5 4 3 4 5

Lon - don Bridge is fall - ing down,

3 2 3 4 3 4 5

fall - ing down, fall - ing down,

5 5 6 5 4 3 4 5

Lon - don Bridge is fall - ing down,

7 2 5 3 1

My fair la - dy.

Mary Had a Little Lamb

3 2 1 2 3 3 3   2 2 2   3 5 5

Ma - ry had a lit - tle lamb, lit - tle lamb, lit - tle lamb,

3 2 1 2 3 3 3 3   2 2 3 2 1 1

Ma - ry had a lit - tle lamb, its fleece was white as snow And

3 2 1 2 3 3 3   2 2 2   3 5 5

eve - ry - where that Ma - ry went, Ma - ry went, Ma - ry went,

3 2 1 2 3 3 3 3   2 2 3 2 1

eve - ry - where that Ma - ry went, the lamb was sure to go.

32

Ode to Joy

3 3 4 5 5 4 3 2 1 1 2 3 3 2 2 3 3 4 5 5 4 3 2

1 1 2 3 2 1 1 2 3 1 2 3 4 3 1 2 3 4 3 2

1 3 1 3 3 4 5 5 4 3 2 1 1 2 3 2 1 1

Rain, Rain, Go Away

5	3	5	5	3

Rain, rain, go a – way,

5	5	3	6	5	5	3

come a – gain a – noth – er day.

4	4	2	2	4	4	2

Lit – tle child – ren wants to play,

5	4	3	2	3	1	1

Rain____ Rain____ go a – way.

Ring Around the Rosie

Ring a - round the ro - sie, A

pock - et full of po - sies,

Ash - es! Ash - es! We

all fall down.

Silver Moon Boat

```
  3    5    6    i    5      5    6    5      i    6
Lit - tle  sil - ver  moon  rides the  sky   like  a

  5              3    5    6    i    5      5    6
boat,           past the twink - ling stars  it   will

  5    i    6    5         5         6    i
float, light - ly float.   Sail      lit - tle

  6    5    3    5    6
moon  boat  to   the  west,

  5    6    i    6    5    3    3    3
sail  lit - tle moon boat while I    rest.
```

Sleep, Baby, Sleep

Sheet music for "Sleep, Baby, Sleep" in 4/4 time.

Lyrics (line by line with the melody):

3 2 2 1 1
Sleep, ba - by, sleep, The

3 3 3 2 2 1
fath - er tends the sheep.

1 1 2 2 3 3 2 2
Moth - er shakes the dream - land tree, And

1 1 2 2 3 3 2
down fall pleas - ant dreams for thee,

3 2 2 1
Sleep, ba - by, sleep.

2. Sleep, baby, sleep.
   Our cottage vale is deep.
   The little lamb is on the green
   With snowy fleece so soft and clean
   Sleep, baby, sleep.

This Old Man

5   3   5   5   3   5

This   old   man,   he   plays   one,

2 6 5 4 3 2 3 4 3 4

he plays knick - knack on his drum, with a

4 5 1 1 1 1 1 2 3 4 5

nick, nack pad - dy whack, give a dog a bone,

6 5 2 2 4 3 2 1

this old man comes roll - ing home.

Twinkle, Twinkle, Little Star

1 1 5 5   6 6 5   4 4 3 3   2 2 1   5 5 4 4   3 3 2

Twin - kle, twin-kle, lit - tle star,   How I won-der what you are.   Up a - bove the world so high,

7   5 5 4 4   3 3 2   1 1 5 5   6 6 5   4 4 3 3   2 2 1

Like a dia-mond   in the sky,   Twin-kle, twin-kle, lit - tle star,   How I won-der what you are.

When the Saints Go Marching In

O, when the Saints go mar - chin' in, O, when the Saints go mar - chin' in, O, Lord I want to be in that num - ber,____ ____ when the Saints go mar - chin' in.

Cotton-Eyed Joe

7   7   7   6   5   7   7   7   2

Where do you come from, where do you go?

7   7   7   6   5   2   3   5   5

Where do you come from, cot - ton - eyed Yoe?

7   7   7   6   5   7   7   7   2

Come for to see you, come for to sing,

7   7   7   6   6   5   2   3   5   5

come for to show you my dia - mond ring.

For He's a Jolly Good Fellow

Line 1: 1 3 3 3 2 3 4
For — he's — a — jol - ly - good — fel - -

Line 2: 3 3 2 2 2 1 2 3
low, — for — he's — a — jol - ly - good — fel - -

Line 3: 1 1 3 3 3 2 3 4
low, — for — he's — a — jol - ly - good — fel - -

Line 4: 6 6 5 5 5 4 2 1
low, — which — no - bo - dy — can — de - ny!

Kum Ba Yah

Michael, Row the Boat Ashore

Mich -ael, row the boat a - shore, Hal - le -

lu - - ja. Mich - ael, row the boat a -

shore, Hal - le - lu - - ja.

Oh! Susanna

Old MacDonald Had a Farm

5	5	2	2	3	3	2		7	7	6	6

Old Mac Do - nald had a farm, E I E I

5		2	5	5	5	2	3	3	2

O! And on his farm he had some chicks,

7	7	6	6	5		2	2	5	5	5	2	2

E I E I O! With a chick chick here and a

5	5	5	5	5	5	5	5	5	5	5	5	5	5

chick chick there. Here a chick, there a chick, ev- ry - where a chick chick.

5	5	2	2	3	3	2	7	7	6	6	5

Old Mac Do - nald had a farm, E I E I O!

On Top of Old Smoky

On top of Old Smo - - key,

all cov - ered with snow.--------------------

I lost my true lov - - - er

a - - court - ing too sloow.--------------------

Over the River and Through the Woods

5	5	5	5	3	5	5	5	5

O - ver the ri - ver and through the woods, to

i	i	i	7	6	5	5

Grand - fath - er's house we go; The

4	4	4	4	4	3	3	3	3	3	3

horse knows the way to car - ry the sleigh through the

1.
2	2	2	3	2	5

white and drift - ed snow. --------

2.
2	2	2	1

Thanks - giv - ing day.

Pop! Goes the Weasel

1   1   2   2   3   5   3   1   2

All   a - round   the   cob - - - bler's   bench,   the

1   1   2   2   3   1   2

mon - key   chased   the   wea - - - sel.   The

1   1   2   2   3   5   3   1

mon - key   thought   'twas   all   in   good   fun,

6   2   4   3   1

Pop!   Goes   the   wea - - - sel.

Row, Row, Row Your Boat

Row, row, row your boat, gent - ly down the stream.

Mer - ri - ly, mer - ri - ly, mer - ri - ly, mer - ri - ly

Live is but a dream.

Tom Dooley

Hang dawn your head, Tom Doo - ley,

hang dawn your head and cry.-----------------------

Hang dawn your head, Tom Doo - ley,

poor boy, you're bound to die.

Es ist ganz einfach, seine Lieblingslieder auf dem Klavier spielen zu lernen!

Das Klavier ist heute das wohl beliebteste Musikinstrument der Welt. Dieses Instrument zu spielen, wird ein unvergessliches Erlebnis für dich sein.

Das Buch enthält Musiktheorie, praktische Übungen und 60 beliebte Lieder für Kinder und Jugendliche.

Die Autorin des Buches, Avgusta Udartseva, ist eine enge Freundin von mir und so kann ich dir ihr Buch zum Klavier lernen nur wärmstens empfehlen!

ISBN: 979-8432526090

ASIN: B09VH6Q1H7

Und es ist toll für Erwachsene

Deutschland

Die Sopranblockflöte ist ein sehr beliebtes Musikinstrument bei Kindern im Alter von 8-14 Jahren und wird oft sogar in Schulen unterrichtet.

Sie ist das einfachste Blasinstrument für Anfänger. Du hörst ungewöhnliche und faszinierende Klänge, die du selbst erzeugst! Es kann zu einer großartigen Erfahrung werden: Man bedenke, dass man dieses Instrument in nur ein paar Unterrichtsstunden lernen kann!

Das Buch enthält auch grundlegende Musiktheorie, praktische Übungen und 60 Lieder. Avgusta hat zusätzlich Videos aufgenommen, die du dir online ansehen kannst, um das Blockflötenspiel leicht zu erlernen.

ISBN: 979-8392278572

ASIN: B0C2RPJ6C3

Und es ist toll für Erwachsene

Deutschland

www.ingramcontent.com/pod-product-compliance
Lightning Source LLC
Chambersburg PA
CBHW081638040426

42449CB00014B/3370